누리 과정에서 쏙쏙

자연탐구 생활 속에서 탐구하기 – 물체의 특성과 변화를 여러 가지 방법으로 탐색한다.
– 주변에서 반복되는 규칙을 찾는다.

초등 과정에서 쏙쏙

과학 3 - 1   2. 자석의 이용 – 1. 자석과 물체
과학 4 - 1   4. 혼합물의 분리 – 2. 혼합물을 분리하는 여러 가지 방법
과학 6 - 1   5. 자기장

감수 및 추천 이명근 박사(미국 존스홉킨스 대학교 교수 역임, 현재 연세대학교 보건대학원 교수)

세계 곳곳의 재난지에 뛰어들어 어린이들은 물론 도움이 필요한 사람들을 구조하며 봉사의 삶을 사는 분입니다. 알아야 더 잘할 수 있다는 믿음으로 연세대학교 보건대학원에 '국제 재난 대응 전문가 과정'을 개설하여 많은 재난 구조 전문가를 양성하고 있습니다. 국제 NGO인 '머시코'(Mercy Corp.)와 UNDP(유엔경제개발계획)에서 활동하기도 했습니다. 지금은 재난 구호의 필요성을 알리고, 아시아와 아프리카의 개발을 위해 '코이카'(KOICA, 한국국제협력단)와 국제 개발 기관인 '글로벌 투게더' 등과 함께 봉사에 앞장서고 있습니다.

글 정설아

중앙대학교 대학원에서 문예창작학을 공부하였습니다. EBS 유아 프로그램 '천사랑'의 작가로 활동하였으며 지금은 '꿈꾸는 꼬리연'에서 어린이를 위한 동화를 쓰고 있습니다. 지은 책으로는 〈생각이 커지는 철학동화〉, 〈적과 흑〉, 〈톰소여의 모험〉, 〈꼬마 철학자〉 등이 있습니다.

그림 예레미즈 형제

파비안과 크리스티안은 쌍둥이 형제로 취미, 특기, 그림 스타일이 비슷합니다. 독일 뮌스터 대학에서 일러스트레이션을 공부하고 오랫동안 만화가로 활동했습니다. 2006년부터는 프리랜서 일러스트레이터로 활동하고 있습니다. 이 책의 그림을 그릴 때에도 생각을 나누며 함께 그렸습니다.

생활과 물질 | 자석
36. 철컥철컥 마술 쇼

글 정설아 | **그림** 예레미즈 형제
펴낸곳 스마일 북스 | **펴낸이** 이행순 | **제작 상무** 장종남
대표 조주연 | **주소** 서울특별시 종로구 사직로8길 20, 103호
출판등록 제2013 – 000070호 **홈페이지** www.smilebooks.co.kr
전화번호 1588 – 3201   **팩스** (02)747 – 3108
기획·편집 조주연 김민정 김인숙 | **디자인** 김수정 정수하
사진 제공 및 대여 셔터스톡 연합뉴스 프리픽

이 책의 모든 글과 그림 등의 저작권은 스마일 북스에 있습니다.
본사의 허락 없이 이 책에 실린 내용의 일부 또는 전체를 어떤 형태로든지 변조하거나 무단 복제하는 것은 법으로 금지되어 있습니다.

⚠ 책을 집어던지면 다칠 수 있으니 조심하십시오. 잘못 만들어진 책은 바꾸어 드립니다.

철컥철컥 마술 쇼

글 정설아 | **그림** 예레미즈 형제

무대에서 한창 마술 쇼가 열리고 있어요.
"수리수리 마수리, 얍!"
마술사가 주문을 외우자, 공이 붕 떠올랐어요.
마술을 보고 있던 도치는 입이 쩍 벌어졌어요.
"우아, 정말 신기하다."

우아!

짝짝짝

도치는 마술사처럼 해 보고 싶었어요.
그래서 집에 오자마자 장난감을 모두 꺼내 놓았지요.
"수리수리 마수리, 얍!
떠올라라, 떠올라!"
그러나 장난감들은 꿈쩍도 하지 않았어요.

이런, 방이 또 엉망이네. 얼른 치우렴!

도치는 구석에서 **자석** 두 개를 발견했어요.
"앗, 자석이다!"
자석은 마술이라도 부리듯
클립들을 대롱대롱 매달고 있었어요.

"어디, 나도 해 볼까?"

도치는 자석을 들고 책상 위를 쓱쓱 저었어요.

"수리수리 마수리, 쫙쫙 붙어라, 얍!"

그러자 클립, 자물쇠, 가위가 자석에 착착 달라붙었어요.

에이, 다 붙는 건 아니네!

"어? 그런데 왜 자석 끝에만 붙지?"

도치는 클립을 자석 가운데에 대고 다시 외쳤어요.

"가운데에 붙어라, 얍!"

하지만 클립은 다시 양쪽 끝으로 끌려갔어요.

"아, 알았다. 가운데보다 끝이 더 힘이 세구나!"

도치는 이번에는 양손에 자석 두 개를 집어 들고 외쳤어요.
"둘이 붙어라, 얍!"
하지만 자석은 계속 서로 밀어내기만 했어요.

도치는 자석을 자세히 들여다보았어요.
자석의 반은 빨간색이고,
나머지 반은 파란색으로 되어 있었어요.
"아, 여기에 비밀이 숨어 있을지도 몰라."

도치는 아까와는 반대로
빨간 부분과 파란 부분을 서로 가까이 대며 외쳤어요.
"빨강과 파랑, 붙어라, 얍!"
그랬더니 신기하게도 자석 두 개가 착 달라붙었어요.

도치는 집 안 구석구석을 뒤지며 자석을 찾았어요.
냉장고에 붙어 있는 병따개 자석,
필통 뚜껑에 붙어 있는 자석,
엄마의 핸드백에 붙어 있는
은색 자석도 찾아냈지요.

도치는 물건들을 요리조리 살펴보았어요.
필통 뚜껑과 엄마 핸드백을 열었다 닫았다……,
병따개 자석을 냉장고 문에 붙였다 떼었다…… 했어요.
"음, 자석은 참 편리하고 좋구나!"

"가만! 자석은 얼마나 힘이 셀까?"
도치는 화장실로 달려가 컵에 물을 받았어요.
그런 다음 컵 속에 클립을 넣고 자석을 대었지요.
그러자 클립이 끌려 나와 자석에 찰싹 달라붙었어요.
"바로 이거야!"

도치는 친구들에게 전화를 했어요.
"내가 재미있는 마술을 보여 줄게.
우리 집으로 와."
그리고 드디어 도치의 마술 쇼가 시작되었어요.
"기대하시라, 손 안 대고 클립 꺼내기 쇼!"
도치가 대야 위에 손을 대자
정말로 클립이 스르르 혼자서 움직였어요.

"우아!"
친구들은 모두 놀라며 박수를 쳤어요.
도치는 과연 어떻게 클립을
움직였을까요?

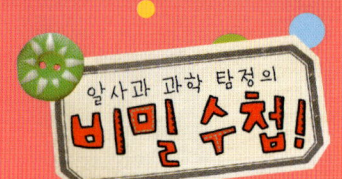

자석에 붙는 물체를 찾아라!

자석은 쇠로 된 물건을 끌어당기는 힘을 가진 물체예요.
못이나 핀 같은 쇠로 만들어진 물건은 자석에 척척 달라붙어요.
하지만 종이, 유리, 플라스틱처럼 쇠가 아닌 것은 달라붙지 않아요.

 자석은 모양이 여러 가지예요

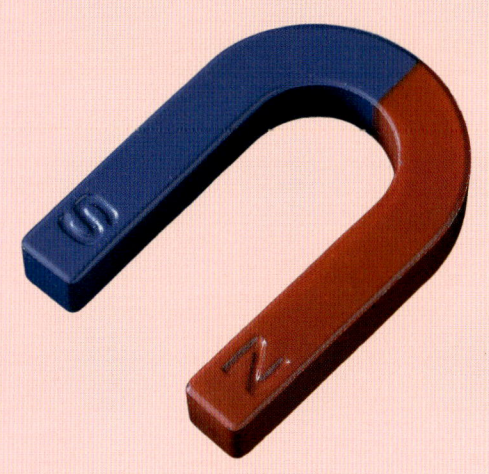

말굽 모양으로 구부러진 **말굽자석**   막대 모양으로 긴 **막대자석**   동전처럼 둥근 **원반 자석**

🍊 자석에는 쇠가 잘 붙어요

자석이 쇠로 된 물체를 끌어당기거나 미는 힘을 **자기력**이라고 해요. 클립을 자석에 붙여 보면, 자석의 가운데에는 잘 붙지 않고 양쪽 끝에만 붙어요. 자석의 끝부분의 힘이 가장 세기 때문이에요.

🍊 자석에는 극이 있어요

자석에는 두 개의 극이 있고, 빨간색과 파란색으로 표시되어 있어요. 빨간색 쪽은 **엔(N) 극**, 파란색 쪽은 **에스(S) 극**이라고 불러요.

같은 극끼리는 서로 밀어내요
두 개의 자석을 같은 극끼리 마주 놓으면, 서로 밀어내는 힘 때문에 자석이 붙지 않아요.

다른 극끼리는 서로 끌어당겨요
두 개의 자석을 다른 극끼리 마주 놓으면, 서로 끌어당기는 힘 때문에 철커덕 붙어요.

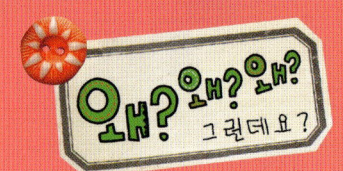
자석에 대한 요런조런 호기심!

자석의 극을 왜 엔(N) 극과 에스(S) 극이라고 하나요?

자석 한가운데에 실을 묶어 매달면, 빙글빙글 돌다가 일정한 방향을 가리키며 멈춘단다. 한쪽은 북쪽을 가리키고, 다른 한쪽은 남쪽을 가리키지. 같은 장소에서라면 몇 번을 해도 결과가 똑같아. 그래서 북쪽(North)을 가리키는 자석의 한쪽을 엔(N) 극, 남쪽(South)을 가리키는 다른 한쪽을 에스(S) 극이라고 부르게 된 거란다.

자석에는 엔 극과 에스 극이 있어요.
자석을 쪼개어도 다시 엔 극과
에스 극으로 나누어져요.

자석에는 어떤 물건이든지 다 붙어요?

모든 물건이 다 자석에 붙는 게 아니야. 쇠로 된 것만 붙어. 음료수 깡통처럼 알루미늄으로 만든 것은 자석에 붙지 않아. 알루미늄은 쇠가 아니거든. 동전도 자석에 안 붙어. 동전도 얼핏 보면 쇠로 만든 것 같지만, 쇠가 전혀 들어 있지 않단다.

음료수 깡통이나 동전은 쇠가 아니기 때문에 자석에 붙지 않아요.

냉장고에 왜 고무판이 잘 붙어요?

집으로 오는 광고물 뒤에 조그만 고무판이 붙어 있는 걸 본 적이 있지? 냉장고에 척척 붙는 것이 참 신기해. 그런데 이것은 고무처럼 보이지만, 사실 그 안에 자석의 성질을 띤 물질이 들어 있기 때문에 쇠로 만든 냉장고에 잘 붙는 거란다. 이것을 '고무 자석'이라고 하지. 고무 자석은 힘이 세지는 않지만 가벼운 것을 쇠에 붙일 때에는 쓸모가 많단다.

냉장고에 잘 붙는 고무판은 사실은 고무가 아니라 고무 자석이에요.

나침반의 빨간색 바늘은 왜 항상 북쪽을 가리키나요?

나침반 바늘과 지구가 모두 자석의 성질을 갖고 있기 때문이야. 자석은 서로 다른 극끼리 끌어당기고 같은 극끼리는 밀어내는 성질이 있어. 지구의 북쪽은 자석의 에스(S) 극 성질을 가지고 있고, 남쪽은 엔(N) 극 성질을 가지고 있어. 그래서 나침반의 엔(N) 극인 빨간색 바늘이 항상 북쪽을 가리키는 거란다.

방향을 알려 주는 나침반만 있으면 길을 찾을 수 있어요.

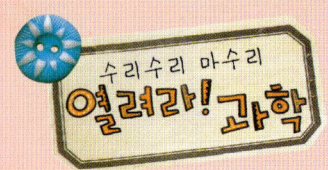

생활에 도움이 되는 자석들

우리 주위에는 많은 자석이 있어요. 자석이 보이는 것도 있고, 보이지 않는 것도 있지요. 우리는 이러한 자석들을 생활 속에서 편리하게 사용하고 있어요.

냉장고에 종이를 붙일 수 있는 **자석 핀**이에요.

지퍼 대신 열고 닫을 수 있도록 만든 **자석 가방**이에요.

현관문을 열 수 있는 **자석 열쇠**예요.

숫자나 글자를 떼었다 붙였다 할 수 있는 **자석 칠판**이에요.

나도 자석 마술사!

자석 놀이를 하면서 자석의 성질을 이해할 수 있어요.

준비물 책, 자석, 클립, 실, 접착용 테이프

두꺼운 책 위에 자석을 놓고, 책 바깥쪽으로 자석이 반쯤 나오도록 테이프로 붙여 놓아요.

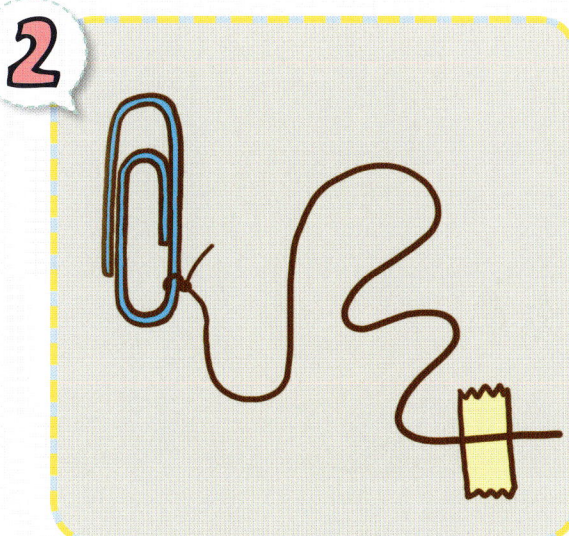

클립 한쪽 끝에 실을 묶고, 실의 다른 한쪽 끝은 책상 위에 테이프로 붙여요.

짜잔! 자석의 힘만으로 클립이 공중에 떴어요. 클립 말고 다른 물건으로도 해 보세요. 단, 쇠로 만든 물건이어야 해요.